Aa アルファベット

　アルファベットとは，英語で使われる文字のことです。アルファベットは26文字あり，それぞれ大文字（A~Z）と小文字（a～z）があります。

　下の表のそれぞれの左側が大文字で，右側が小文字です。大文字と小文字では，文字の大きさや形がちがいますね。

　それでは，CDでそれぞれの読み方を聞いてから，リズムに合わせて言ってみましょう。アルファベットの順番も覚えましょう。

① A a ② B b ③ C c ④ D d ⑤ E e
⑥ F f ⑦ G g ⑧ H h ⑨ I i ⑩ J j
⑪ K k ⑫ L l ⑬ M m ⑭ N n ⑮ O o
⑯ P p ⑰ Q q ⑱ R r ⑲ S s ⑳ T t
㉑ U u ㉒ V v ㉓ W w ㉔ X x ㉕ Y y
㉖ Z z

●アルファベットの字体

アルファベットの字体には，本や雑誌などに印刷するときに使われる「活字体」と，手で書くときに使われる「ブロック体」があります。この本では「ブロック体」で練習します。

活字体	ABC abc
ブロック体	ABC abc

●文字のいろいろな形

アルファベットのブロック体の形はいくつかあります。この本で使っているもののほかに，下のような形を使っている本や教科書もあります。

この本の形　　　　　　　この本の形　　　　　　　この本の形

●アルファベットの書き方

アルファベットを書くときは，右のような4線を使います。それぞれの文字によって書く位置が決まっています。

4線→

大文字を書くときは，どの文字も4線のうち上の3本の線の間に書きます。

この3線｛ ABC

小文字は文字によって書く位置がちがいます。いちばん上の線につくものや，いちばん下の線につくもの，線と線の中間の高さの文字もあります。

a b g i

●アルファベットの書き順

漢字とはちがって，アルファベットには1つに決められた「正しい書き順」というものはありません。

例えば，Eには  のほかに  など，いろいろな書き順があります。

ですから，読めるように正しい形でスムーズに書くことができれば，書き順はそれほど気にする必要はありません。（この本では，代表的な書き順の例を示しています。）

1 CDでAからEの発音を聞いて，あとについて言ってみましょう。【5点】

A B C D E F G H I J K L M N O P Q R S T U V W X Y Z

A B C D E

2 声に出して読みながらなぞったあと，6回ずつ書きましょう。　1つ7【35点】

①[**エイ**]　　　　　　　　　　　　　　　　　　［エー］ではなくて，［エイ］です。　　APPLE

A A

②[**ビー**]　　　　　　　　　　　　　　　　　　　　　　　　　　　　　　　　BUS

B B

③[**スィー**]　　　　　　　　　　　　　　　　　［シー］ではなくて，［スィー］です。　CAT

C C

一気に書きましょう。

④[**ディー**]　　　　　　　　　　　　　　　　　　　　　　　　　　　　　　　DOG

D D

⑤[**イー**]　　　　　　　　　　　　　　　　　　　　　　　　　　　　　　　　EGG

E E

〈注意〉アルファベットの文字の形や書き順は1つだけではありません。くわしくは2ページを見ましょう。

3

アルファベットの発音と書き方を確かめましょう。
3と**4**はCDを聞いて，問題に答えましょう。

3 CDを聞いて，読まれたほうのアルファベットを〇で囲みましょう。

1つ5【15点】

① **C** **A**　② **B** **D**　③ **E** **A**

4 CDを聞いて，読まれたアルファベットを大文字で書きましょう。

1つ5【20点】

①　　　②　　　③　　　④

5 AからEまで正しい順にアルファベットをたどって，ゴールしましょう。

【10点】

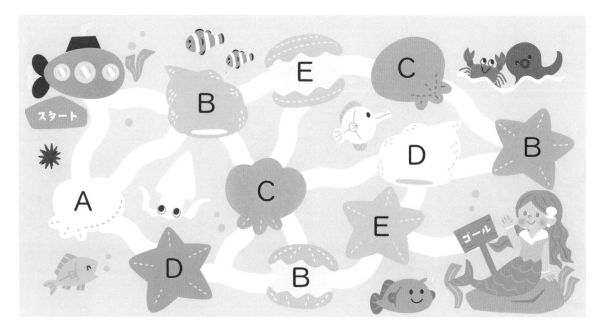

6 アルファベットの順になるように，[　]に大文字を書きましょう。　1つ5【15点】

①　→ **B** →　② →　**D** →　③

答え ▶ 85ページ

1 CDでFからJの発音を聞いて，あとについて言ってみましょう。【5点】 **5**

A B C D E **F G H I J** K L M N O P Q R S T U V W X Y Z

F G H I J

2 声に出して読みながらなぞったあと，6回ずつ書きましょう。　1つ7【35点】

①[**エフ**]　　　　　　　　　　　　　　　　[エフ] の [フ] は上の歯で下くちびるをかんで言います。　FISH

F F

下の横線は上の横線より短めに書きましょう。

②[**ヂー**]　　　　　　　　　　　　　GORILLA

G G

③[**エイチ**]　　　　　　　　　　　　[エイチ] は [エ] を強く言いましょう。　HAT

H H

④[**アイ**]　　　　　　　　　　　　INK

I I

⑤[**ヂェイ**]　　　　　　　　　　　JAPAN

J J

5

3 CDを聞いて，読まれたほうのアルファベットを[　]の中から選んで，□□に書きましょう。

1つ7【21点】 ♪ **6**

① [H, G]

② [I, J]

③ [F, H]

4 CDを聞いて，読まれたアルファベットを線でたどり，ゴールしましょう。

【15点】 ♪ **7**

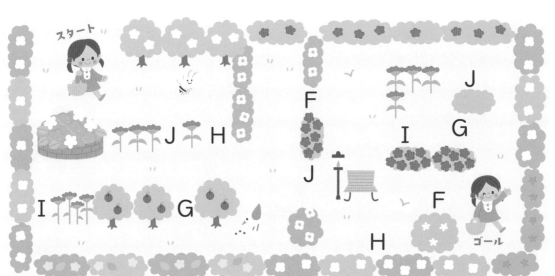

5 正しい順に並んでいるほうを選んで，右の□□にその3文字を書きましょう。

1つ12【24点】

① H G F
F G H

正しい順なのは ➡

② H I J
I J H

正しい順なのは ➡

6

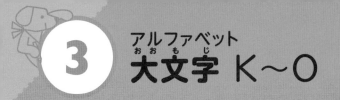
1 CDでKからOの発音を聞いて，あとについて言ってみましょう。【5点】

A B C D E F G H I J **K L M N O** P Q R S T U V W X Y Z

K L M N O

2 声に出して読みながらなぞったあと，6回ずつ書きましょう。　　1つ7【35点】

①[ケイ]　　　　　　　　　　　　　　　　　　　　　　　KING

K K

②[エル]　　　　　　　　　　　　　　　　　　　　　　　LEMON

L L

③[エム]　　　　　　　　　　[エム]の[ム]は口を閉じましょう。　MAP

M M

④[エン]　　　　　　　　　　[エン]の[ン]は口を閉じません。　NAME

N N

⑤[オウ]　　　　　　　　　　　　　　　　　　　　　　　ORANGE

O O

└─ 一気に書きましょう。

7

3 CDを聞いて，読まれたほうのアルファベットを[　]の中から選んで，□に書きましょう。

1つ6【24点】 ⑨

① [O, K] ＿＿＿＿

② [L, M] ＿＿＿＿

③ [K, L] ＿＿＿＿

④ [M, N] ＿＿＿＿

4 KからOの順になっているところを，（例）のほかに2つ見つけて，◯で囲みましょう。

1つ6【12点】

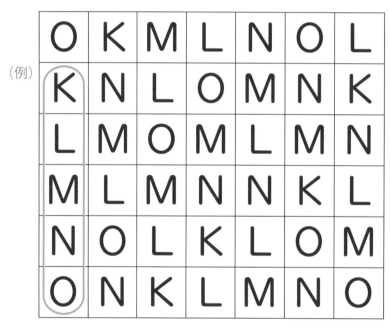

縦，横，ななめの一列で探してみよう。

5 アルファベットの順になるように，□に大文字を書きましょう。 1つ8【24点】

K → ① ＿＿＿＿ → ② ＿＿＿＿ → ③ ＿＿＿＿ → O

月　日

とくてん

点

■1 CDでPからTの発音を聞いて，あとについて言ってみましょう。【5点】🎵⑩

A B C D E F G H I J K L M N O **P Q R S T** U V W X Y Z

P Q R S T

■2 声に出して読みながらなぞったあと，6回ずつ書きましょう。　1つ7【35点】

①[ピー]　　　　　　　　　　　　　　　　　　　　　　　PIANO

P P

②[キュー]　　　　　　　　　　　　　　　　　　　　　QUEEN

Q Q

└─ ななめの線を忘れないようにしましょう。

③[アー]　　　　　[アー]は最後に舌を丸くして言いましょう。　RABBIT

R R

④[エス]　　　　　　　　　　　　　　　　　　　　　SCHOOL

S S

⑤[ティー]　　　　　　　　　　　　　　　　　　　　TRAIN

T T

└─ 横棒は縦棒より短いです。バランスよく書きましょう。

アルファベットの発音と書き方を確かめましょう。
3と**4**はCDを聞いて，問題に答えましょう。

3 CDを聞いて，読まれたほうのアルファベットを〇で囲みましょう。

1つ5【15点】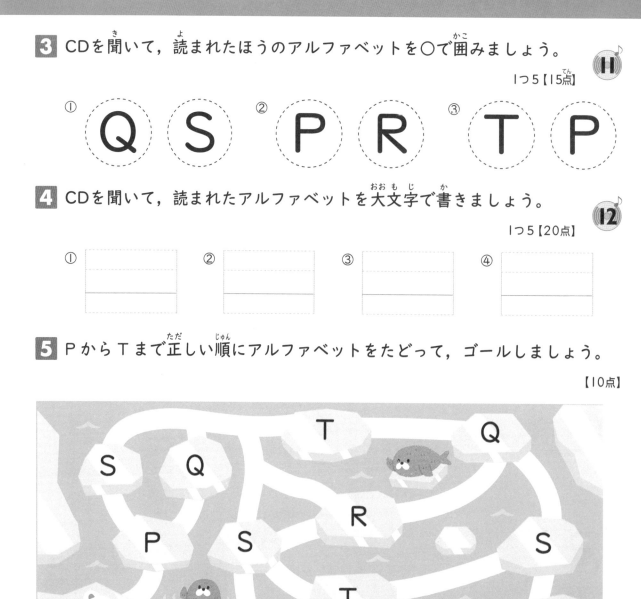

① Q S ② P R ③ T P

4 CDを聞いて，読まれたアルファベットを大文字で書きましょう。

1つ5【20点】

① ② ③ ④

5 PからTまで正しい順にアルファベットをたどって，ゴールしましょう。

【10点】

6 アルファベットの順になるように，□に大文字を書きましょう。

1つ5【15点】

P → ① → ② → S → ③

答え ▶ 86ページ

アルファベット
大文字U〜Z

1 CDでUからZの発音を聞いて，あとについて言ってみましょう。【5点】 13

A B C D E F G H I J K L M N O P Q R S T **U V W X Y Z**

U V W X Y Z

2 声に出して読みながらなぞったあと，6回ずつ書きましょう。　1つ7【42点】

①[**ユー**]

UMBRELLA

②[**ヴィー**]　　　　　　　　　　　　　［ブイ］ではなくて，［ヴィー］です。

VIOLIN

③[**ダブリュー**]

WATCH

④[**エ**クス]

2番目の線の上で交わるように書きましょう。

BOX

⑤[**ワイ**]

YACHT

⑥[**ズィー**]　　　　　　　　　　　　　［ジー］ではなくて，［ズィー］です。

ZOO

3 CDを聞いて，読まれたほうのアルファベットを[　]の中から選んで，　　に書きましょう。　　　　　　　　　　　　1つ5【20点】　🎵 **14**

① [U，Y]　　　　　　　　② [X，Z]

③ [W，V]　　　　　　　　④ [Z，U]

4 U から Z の順にくり返したどって，ゴールしましょう。ただし，ななめには進めません。　　　　　　　　　　　　　　　　　　　　　　　　　　　【15点】

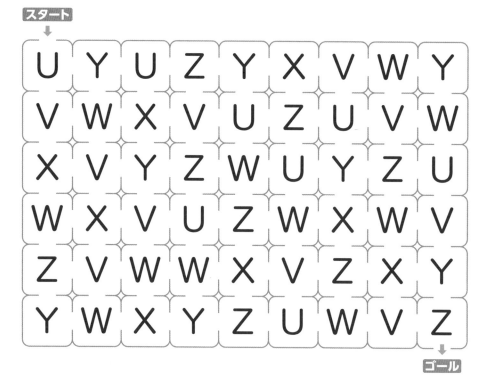

5 アルファベットの順になるように，　　に大文字を書きましょう。　1つ6【18点】

U → ① → ② → X → ③

6 アルファベット
形が似ている大文字

1 形が似ている大文字には，次のようなものがあります。形のちがいに注意しながら，CDで発音を聞いて，あとについて言ってみましょう。【5点】

▲ G には「╮」がつく

▲ E は横棒が 3 本，F は 2 本

▲ M と W は上下の向きが逆

どれも形がよく似ているね。しっかり区別して書くようにしよう。

▲ Q にはななめの棒が入る

▲ U は下が丸く，V はとがっている

2 声に出して読みながらなぞったあと，2回ずつ書きましょう。　1つ7【35点】

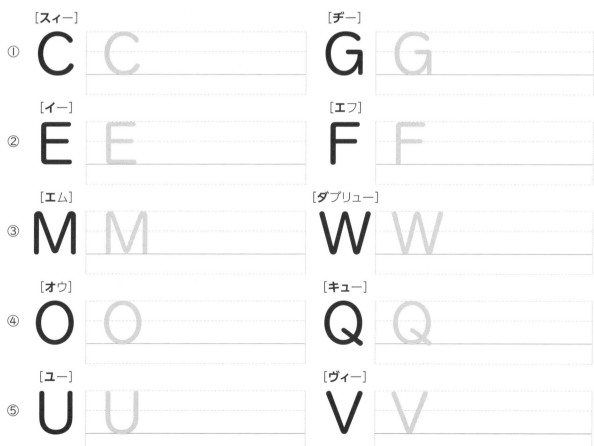

① [スィー] C C　　[ヂー] G G

② [イー] E E　　[エフ] F F

③ [エム] M M　　[ダブリュー] W W

④ [オウ] O O　　[キュー] Q Q

⑤ [ユー] U U　　[ヴィー] V V

3 CDを聞いて，読まれたほうのアルファベットを[   ]の中から選ん
で，▭ に書きましょう。　　　　　　　　　　　　　　1つ4【16点】　🎵16

① [E , F] ＿＿＿＿　　　② [O , Q] ＿＿＿＿

③ [G , C] ＿＿＿＿　　　④ [V , U] ＿＿＿＿

4 CDを聞いて，読まれたアルファベットを線でたどり，ゴールしましょ
う。　　　　　　　　　　　　　　　　　　　　　【14点】　🎵17

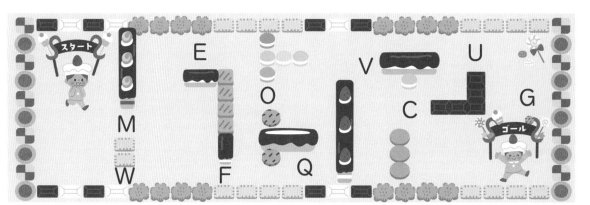

5 アルファベットの順になるように，▭ に大文字を書きましょう。　1つ10【30点】

① A → B → ＿＿ → D → ＿＿

② L → ＿＿ → N → ＿＿ → P

③ S → T → ＿＿ → V → ＿＿

1 CDを聞いて，読まれたほうのアルファベットを〇で囲みましょう。

1つ4【16点】

① F　E

② M　H

③ T　B

④ I　Y

2 CDを聞いて，読まれたアルファベットを大文字で書きましょう。

1つ5【20点】

① 　　② 　　③ 　　④

3 CDを聞いて，読まれたアルファベットを線でたどり，ゴールしましょう。

【12点】

4 アルファベットの順になるように，□に大文字を書きましょう。1つ10【40点】

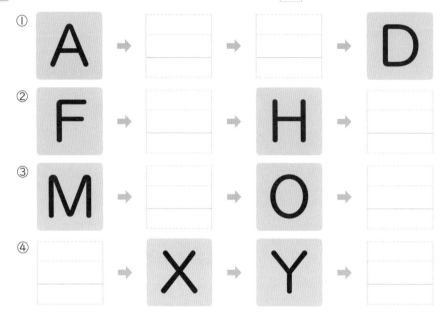

① A ➡ ⬚ ➡ ⬚ ➡ D

② F ➡ ⬚ ➡ H ➡ ⬚

③ M ➡ ⬚ ➡ O ➡ ⬚

④ ⬚ ➡ X ➡ Y ➡ ⬚

5 A から Z までアルファベットの順にたどって，ゴールしましょう。ただし，ななめには進めません。 【12点】

スタート	A	C	D	E	G	T	U
F	B	R	P	Q	R	S	Y
D	C	E	O	Y	U	T	V
E	I	D	N	P	V	Z	W
F	G	K	M	L	W	X	U
J	H	I	J	K	V	Y	Z
L	M	N	P	M	L	X	ゴール

答え ▶ 86ページ

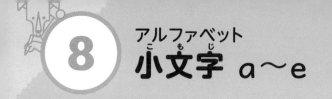

8 アルファベット
小文字 a〜e

	月 日
とくてん	
	点

1 CDで a から e の発音を聞いて，あとについて言ってみましょう。【5点】

a b c d e f g h i j k l m n o p q r s t u v w x y z

a b c d e

発音は大文字と同じだよ。

2 声に出して読みながらなぞったあと，6回ずつ書きましょう。　1つ7【35点】

①[エイ]　　　　　　　　　　　　　　　　　　　　album

a a

└─ 2番目と3番目の線の間に書きましょう。

②[ビー]　　　　　　　　　　　　　　　　　　　　bag

b b

③[スィー]　　　　　　　　　　　　　　　　　　　car

c c

④[ディー]　　　　　　　　　　　　　　　　　　　desk

d d

└─ bとは向きがちがいますね。

⑤[イー]　　　　　　　　　　　　　　　　　　　　elephant

e e

アルファベットの発音と書き方を確かめましょう。

3と**4**はCDを聞いて，問題に答えましょう。

3 CDを聞いて，読まれたほうのアルファベットを[　　]の中から選んで，□に書きましょう。

1つ7【21点】 ♪ **22**

① [b ， c]

② [d ， a]

③ [c ， e]

4 CDを聞いて，読まれたアルファベットを線でたどり，ゴールしましょう。

【15点】 ♪ **23**

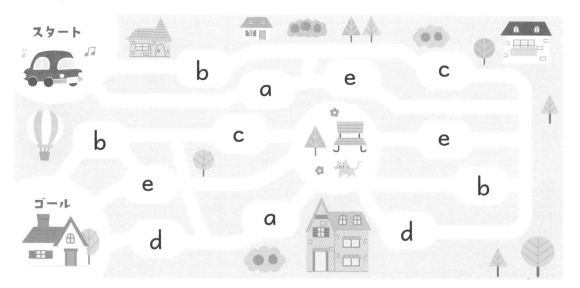

5 正しい順に並んでいるほうを選んで，右の□にその3文字を書きましょう。

1つ12【24点】

① c d e / e c d　正しい順なのは ➡

② d c b / b c d　正しい順なのは ➡

答え ▶ 87ページ

9 アルファベット
小文字 f〜j

月　　日
とくてん

点

1 CDでfからjの発音を聞いて，あとについて言ってみましょう。 【5点】 24

a b c d e **f g h i j** k l m n o p q r s t u v w x y z

f g h i j

2 声に出して読みながらなぞったあと，6回ずつ書きましょう。 1つ7【35点】

①[エフ]

f f

└── 横棒は2番目の線の上に書きましょう。

flower

②[ヂー]

g g

└── 下は，4番目の線につけて曲げます。

guitar

③[エイチ]

h h

horse

④[アイ]

i i

ice cream

⑤[ヂェイ]

j j

└── 下は，4番目の線につけて曲げます。

juice

19

アルファベットの発音と書き方を確かめましょう。

3と**4**はCDを聞いて，問題に答えましょう。

3 CDを聞いて，読まれたほうのアルファベットを○で囲みましょう。

1つ5【15点】

① i h ② f g ③ j i

4 CDを聞いて，読まれたアルファベットを小文字で書きましょう。

1つ5【20点】

① ② ③ ④

5 f から j まで正しい順にアルファベットをたどって，ゴールしましょう。
はしごは，上ることも下りることもできます。

【10点】

6 アルファベットの順になるように，□に小文字を書きましょう。　1つ5【15点】

f → ① → ② → i → ③

答え ▶ 87ページ

⑩ 小文字 k〜o

1 CDで k から o の発音を聞いて，あとについて言ってみましょう。【5点】 🎵**27**

a b c d e f g h i j **k l m n o** p q r s t u v w x y z

k l m n o

2 声に出して読みながらなぞったあと，6回ずつ書きましょう。　1つ7【35点】

① [**ケイ**]

k k

koala

② [**エル**]

l l

library

③ [**エム**]

m m

— 山は2つあります。

monkey

④ [**エン**]

n n

— 山は1つです。

notebook

⑤ [**オウ**]

o o

onion

21

アルファベットの発音と書き方を確かめましょう。

3はCDを聞いて，問題に答えましょう。

3 CDを聞いて，読まれたほうのアルファベットを[　]の中から選んで，□に書きましょう。

1つ6【24点】 **28**

① [l, o]

② [k, m]

③ [n, l]

④ [m, n]

4 kからoまで正しい順にアルファベットをたどって，ゴールしましょう。

【16点】

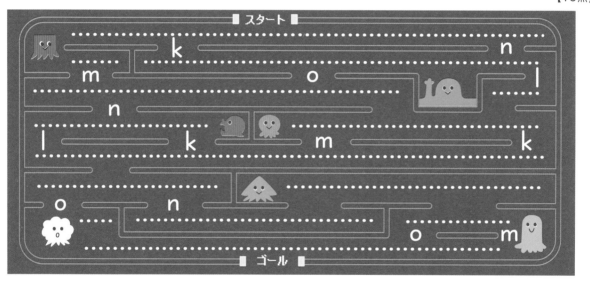

5 正しい順に並んでいるほうを選んで，右の□にその3文字を書きましょう。

1つ10【20点】

① l m k
k l m
正しい順なのは ➡

② m n o
o n m
正しい順なのは ➡

答え ▶ 88ページ

1 CDでpからtの発音を聞いて，あとについて言ってみましょう。【5点】 29
（はつおん）（き）（い）（てん）

a b c d e f g h i j k l m n o **p q r s t** u v w x y z

p q r s t

2 声に出して読みながらなぞったあと，6回ずつ書きましょう。 1つ7【35点】
（こえ）（だ）（よ）（かい）（か）

①[ピー] pencil

p p

└── 丸は2番目と3番目の線の間に書きましょう。
（まる）（ばんめ）（ばんめ）（せん）（あいだ）

②[キュー] quiz

q q

└── gのように下を曲げないようにしましょう。
（した）（ま）

③[アー] river

r r

④[エス] soccer

s s

⑤[ティー] tomato

t t

└── 縦棒を書きはじめる位置に注意しましょう。
（たてぼう）（い）（ち）（ちゅうい）

アルファベットの発音と書き方を確かめましょう。
3と4はCDを聞いて，問題に答えましょう。

3 CDを聞いて，読まれたほうのアルファベットを○で囲みましょう。

1つ5【15点】 ♪30

① r　t　② s　q　③ p　r

4 CDを聞いて，読まれたアルファベットを小文字で書きましょう。

1つ5【20点】 ♪31

① ___　② ___　③ ___　④ ___

5 p から t の順にくり返したどって，ゴールしましょう。ただし，ななめには進めません。

【10点】

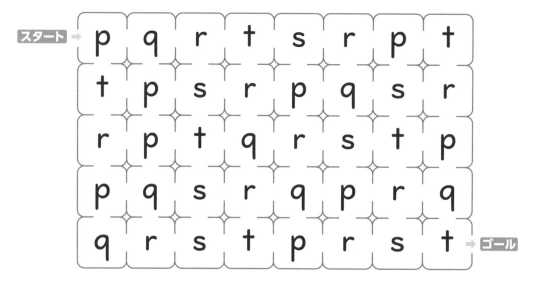

スタート→
p	q	r	t	s	r	p	t
t	p	s	r	p	q	s	r
r	p	t	q	r	s	t	p
p	q	s	r	q	p	r	q
q	r	s	t	p	r	s	t
→ゴール

6 アルファベットの順になるように， □ に小文字を書きましょう。　1つ5【15点】

① ___ → q → ② ___ → s → ③ ___

答え ▶ 88ページ

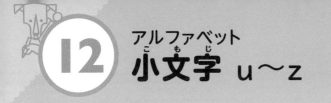

12 小文字 u〜z

	月 日
とくてん	
	点

1 CDでuからzの発音を聞いて，あとについて言ってみましょう。【5点】🎵**32**

a b c d e f g h i j k l m n o p q r s t **u v w x y z**

u v w x y z

2 声に出して読みながらなぞったあと，6回ずつ書きましょう。　1つ7【42点】

①[ユー]　　　　　　　　　　　　　　　　　　　uniform

u u

②[ヴィー]　　　　　　　　　　　　　　　　　　volleyball

v v

└─ u にならないように，形を区別して書きましょう。

③[ダブリュー]　　　　　　　　　　　　　　　　water

w w

④[エクス]　　　　　　　　　　　　　　　　　　fox

x x

⑤[ワイ]　　　　　　　　　　　　　　　　　　　yogurt

y y

└─ 4番目の線につくように書きましょう。

⑥[ズィー]　　　　　　　　　　　　　　　　　　zebra

z z

アルファベットの発音と書き方を確かめましょう。

3 はCDを聞いて，問題に答えましょう。

3 CDを聞いて，読まれたほうのアルファベットを[　　]の中から選んで，□ に書きましょう。　　　　　1つ5【20点】

① [y ， v]

② [w ， z]

③ [u ， x]

④ [z ， v]

4 u から z の順になっているところを，(例)のほかに2つ見つけて，◯で囲みましょう。　　　　　1つ6【12点】

(例)

u	v	w	x	y	z	u
w	v	x	y	z	x	v
v	u	w	x	v	y	w
z	y	v	x	u	z	x
u	z	w	u	y	v	y
y	w	v	x	u	z	z

縦，横，ななめの一列で探してみよう。

5 アルファベットの順になるように，□ に小文字を書きましょう。　　1つ7【21点】

u → ① → ② → x → y → ③

答え ▶ 88ページ

13 アルファベット
形が似ている小文字

1 形が似ている小文字には，次のようなものがあります。形のちがいに注意しながら，CDで発音を聞いて，あとについて言ってみましょう。【5点】　♪**34**

b d
▲丸の向きが逆

h n
▲左の縦棒の長さがちがう

n r
▲rの最後は下におろさない

i j
▲jの下は4番目の線につく

p q
▲丸の向きが逆

u v
▲uは下が丸く，右に縦棒がつく

2 声に出して読みながらなぞったあと，2回ずつ書きましょう。　1つ7【35点】

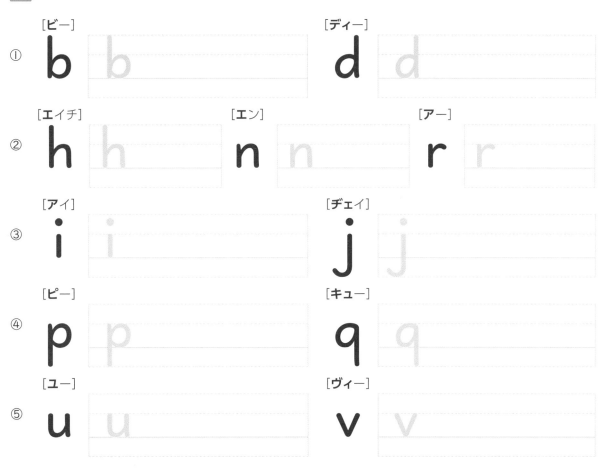

① [ビー] b b　[ディー] d d

② [エイチ] h h　[エン] n n　[アー] r r

③ [アイ] i i　[ヂェイ] j j

④ [ピー] p p　[キュー] q q

⑤ [ユー] u u　[ヴィー] v v

形が似ている小文字のちがいを確かめましょう。
3と**4**はCDを聞いて，問題に答えましょう。

3 CDを聞いて，読まれたほうのアルファベットを[　]の中から選んで，□ に書きましょう。

1つ4【16点】 ♪**35**

① [i , j]

② [n , h]

③ [b , d]

④ [p , q]

4 CDを聞いて，読まれたアルファベットを線でたどり，ゴールしましょう。

【14点】 ♪**36**

5 アルファベットの順になるように，□ に小文字を書きましょう。 1つ10【30点】

① a ➡ 　 ➡ c ➡ 　 ➡ e

② 　 ➡ i ➡ 　 ➡ k ➡ l ➡ m ➡ 　

③ o ➡ p ➡ 　 ➡ 　 ➡ s ➡ t ➡ 　

答え ▶ 88ページ

1 CDを聞いて，読まれたほうのアルファベットを〇で囲みましょう。

♪37

1つ4【16点】

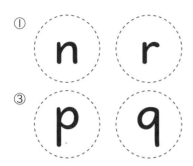

① n　r

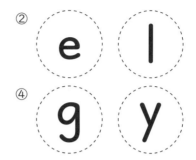

② e　l

③ p　q

④ g　y

2 CDを聞いて，読まれたアルファベットを小文字で書きましょう。

♪38

1つ5【20点】

 ①  ②  ③  ④

3 CDを聞いて，読まれたアルファベットを線でたどり，ゴールしましょう。

♪39

【12点】

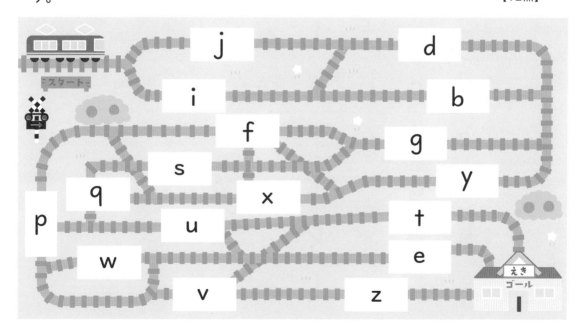

4 アルファベットの順になるように，[___]に小文字を書きましょう。1つ10【40点】

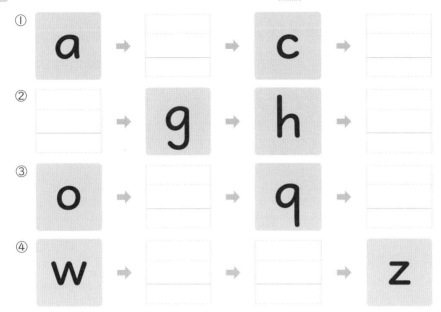

① a → [___] → c → [___]

② [___] → g → h → [___]

③ o → [___] → q → [___]

④ w → [___] → [___] → z

5 a から z までアルファベットの順にたどって，ゴールしましょう。ただし，ななめには進めません。　【12点】

スタート	d	e	m	n	s	u	v
a	b	f	l	o	p	t	w
d	c	b	k	m	q	r	s
e	j	g	j	r	s	v	t
f	g	h	i	p	q	x	u
h	n	r	k	n	x	w	v
j	m	e	l	m	y	z	ゴール

答え ▶ 89ページ

アルファベット
大文字と小文字 Aa〜Gg

月　日

とくてん

てん

1 大文字と小文字では形が同じものとまったくちがうものがあります。形や大きさに注意しながら,CDで発音を聞いて,あとについて言ってみましょう。【5点】 **40**

A a B b C c D d E e

F f G g

左が大文字で,右が小文字だよ。どこがちがうかよーく比べてみてね。

2 形のちがいに注意して,声に出して読みながらなぞり,2回ずつ書きましょう。

1つ5【35点】

① Aa

② Bb

③ Cc

④ Dd

⑤ Ee

⑥ Ff

⑦ Gg

3 CDを聞いて，①～③は読まれたアルファベットを大文字で，④～⑥
は小文字で書きましょう。

1つ4【24点】 🎵41

大文字

①	②	③

小文字

④	⑤	⑥

4 上の大文字に対する小文字を下から選んで，線でつなぎましょう。

1つ4【20点】

① B　② E　③ F　④ A　⑤ D

f　e　d　b　a

5 大文字は小文字に，小文字は大文字に書きかえましょう。

1つ4【16点】

① D ➡

② G ➡

③ e ➡

④ b ➡

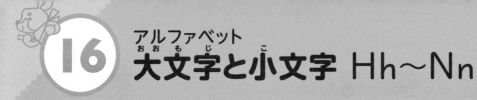

大文字と小文字 Hh〜Nn

月　　日
とくてん

点

1 大文字と小文字では形が同じものとまったくちがうものがあります。形や大きさに注意しながら，CDで発音を聞いて，あとについて言ってみましょう。【5点】 **42**

Hh Ii Jj Kk Ll

Mm Nn

大文字は上の3本の線の間に書くけど，小文字は4番目の線までのばして書く文字もあるよ。

2 形のちがいに注意して，声に出して読みながらなぞり，2回ずつ書きましょう。

1つ5【35点】

① Hh

② Ii

③ Jj

④ Kk

⑤ Ll

⑥ Mm

⑦ Nn

アルファベットの大文字と小文字の書き方を確かめましょう。
3はCDを聞いて，問題に答えましょう。

3 CDを聞いて，①〜③は読まれたアルファベットを大文字で，④〜⑥
は小文字で書きましょう。 1つ4【24点】 **43**♪

大文字
① ② ③

小文字
④ ⑤ ⑥

4 大文字に対する小文字を選んで，◯で囲みましょう。 1つ4【16点】

① K → (h) (k) ② I → (i) (j)

③ N → (m) (n) ④ L → (l) (i)

5 小文字に対する大文字を ⬭ から選んで， ▭ に書きましょう。 1つ4【20点】

① m → ② j → ③ h →

④ l → ⑤ i →

L N I H J M

答え ▶ 89ページ

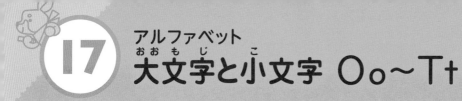

17 アルファベット
大文字と小文字 Oo〜Tt

1 大文字と小文字では形が同じものとまったくちがうものがあります。形や大きさに注意しながら,CDで発音を聞いて,あとについて言ってみましょう。【5点】

O o P p Q q R r S s
T t

OとSは,大文字と小文字の形は同じだけど,大きさがちがうね。PやQは形がちがうから,注意しよう。

2 形のちがいに注意して,声に出して読みながらなぞり,2回ずつ書きましょう。

1つ5【30点】

① Oo

② Pp

③ Qq

④ Rr

⑤ Ss

⑥ Tt

35

3 CDを聞いて，①～③は読まれたアルファベットを大文字で，④～⑥ は小文字で書きましょう。 1つ5【30点】 🎵45

大文字

① ② ③

小文字

④ ⑤ ⑥

4 上の小文字に対する大文字を下から選んで，線でつなぎましょう。1つ3【15点】

① s ② q ③ p ④ r ⑤ t

R T P S Q

5 大文字に対する小文字を ⬭ から選んで，📋 に書きましょう。1つ4【20点】

① P → ② R → ③ S →

④ Q → ⑤ T →

s t o r p q

答え ▶ 90ページ

	月	日
とくてん		
		点

1 大文字と小文字では形が同じものとまったくちがうものがあります。形や大きさに注意しながら,CDで発音を聞いて,あとについて言ってみましょう。【5点】

46

U u V v W w X x Y y

Z z

UからZまでは,大文字と小文字の形が同じものが多いね。大文字のUは右に縦の棒がないけど,小文字にはあるよ。注意してね。

2 形のちがいに注意して,声に出して読みながらなぞり,2回ずつ書きましょう。

1つ5【30点】

①

②

③

④

3 CDを聞いて，①〜③は読まれたアルファベットを大文字で，④〜⑥は小文字で書きましょう。

1つ4【24点】

大文字
① ② ③

小文字
④ ⑤ ⑥

4 小文字に対する大文字を選んで，〇で囲みましょう。

1つ4【16点】

① 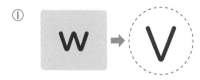 ②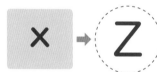

③ 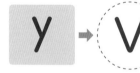 ④

5 大文字に対する小文字を， □ に書きましょう。

1つ5【25点】

①  ②

③ 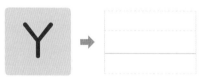 ④

⑤

38

答え ▶ 90ページ

19 アルファベット
形がちがう大文字と小文字

1 今まで大文字と小文字を見てきましたが, ここでは形がちがうものだけを
まとめています。CDで発音を聞いて, あとについて言ってみましょう。【4点】　**48**

Aa Bb Dd Ee Ff Gg

Hh Ii Jj Kk Ll Mm

Nn Pp Qq Rr Tt Uu Yy

2 声に出して読みながらなぞりましょう。　1つ6【30点】

① Aa　Bb　Dd　Ee

② Ff　Gg　Hh　Ii

③ Jj　Kk　Ll　Mm

④ Nn　Pp　Qq　Rr

⑤ Tt　Uu　Yy

大文字と小文字の形のちがいや書き方を確かめましょう。

3はCDを聞いて，問題に答えましょう。

3 CDを聞いて，（例）にならって，それぞれアルファベットの大文字と小文字を書きましょう。　1つ4【16点】

4 上の大文字に対する小文字を下から選んで，線でつなぎましょう。1つ4【20点】

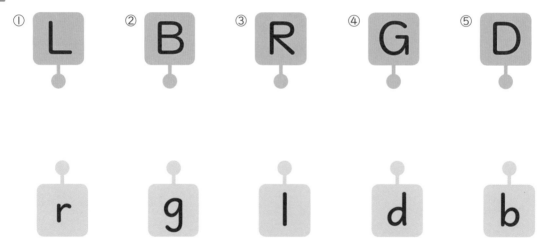

5 大文字は小文字に，小文字は大文字に書きかえましょう。　1つ5【30点】

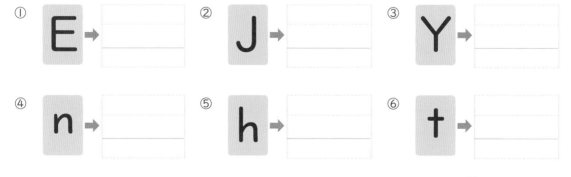

20 まとめテスト③

なまえ

月　日　**15** ふん

点

1 CDを聞いて，①〜③は読まれたアルファベットを大文字で，④〜⑥は小文字で書きましょう。

1つ4【24点】 🎵 **50**

大文字　①　　　　②　　　　③

小文字　④　　　　⑤　　　　⑥

2 大文字に対する小文字を選んで，○で囲みましょう。

1つ3【12点】

① **L** ➡ r　l　② **Y** ➡ y　g

③ **A** ➡ a　e　④ **T** ➡ j　t

3 上の小文字に対する大文字を下から選んで，線でつなぎましょう。1つ4【20点】

① **k**　② **f**　③ **i**　④ **n**　⑤ **h**

N　**F**　**H**　**K**　**I**

41

4 ①②の大文字はすべて小文字に，③④の小文字はすべて大文字に書きかえましょう。

1つ8【32点】

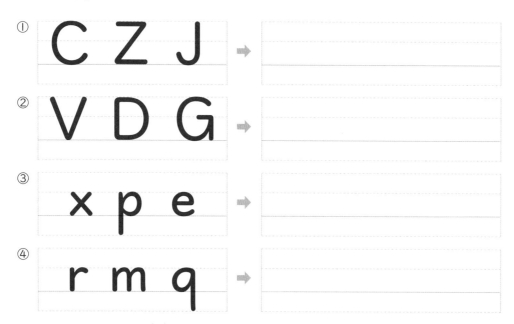

① C Z J ➡

② V D G ➡

③ x p e ➡

④ r m q ➡

5 アルファベットの順に，A → a → B → b のように大文字→小文字の順で進み，ゴールしましょう。ただし，ななめには進めません。

【12点】

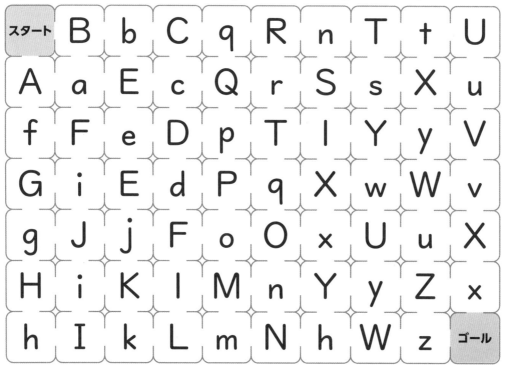

答え ▶ 90ページ

アルファベットの復習

ABCDEFGHIJKLMN
OPQRSTUVWXYZ

月　日　目標時間 **15**分

名前

点

1 CDを聞いて，読まれたほうのアルファベットを○で囲みましょう。

🎵 **51**

1つ3【12点】

① X　S　② F　N

③ r　v　④ i　j

2 CDを聞いて，（例）にならって，それぞれアルファベットの大文字と小文字を書きましょう。

🎵 **52**

1つ4【20点】

（例） V v　①　②

③　④　⑤

3 大文字と小文字を線でつなぎましょう。

全部できて1つ7【14点】

① Q　d　② w　M

B　b　g　W

P　q　m　C

D　p　c　G

43

4 アルファベットの順になるように，①～④は □ に大文字を，⑤～⑧は小文字を書きましょう。

1つ5【40点】

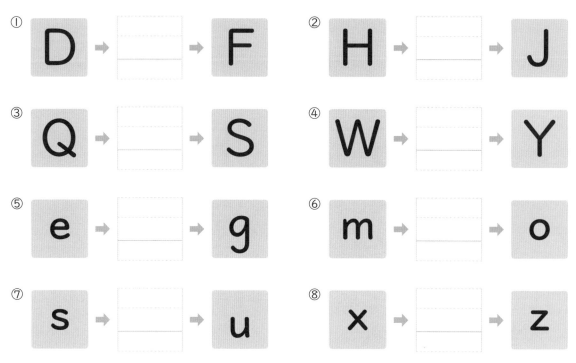

① D → □ → F
② H → □ → J
③ Q → □ → S
④ W → □ → Y
⑤ e → □ → g
⑥ m → □ → o
⑦ s → □ → u
⑧ x → □ → z

5 アルファベットの順に，A→a→B→bのように大文字→小文字の順で進み，ゴールしましょう。

【14点】

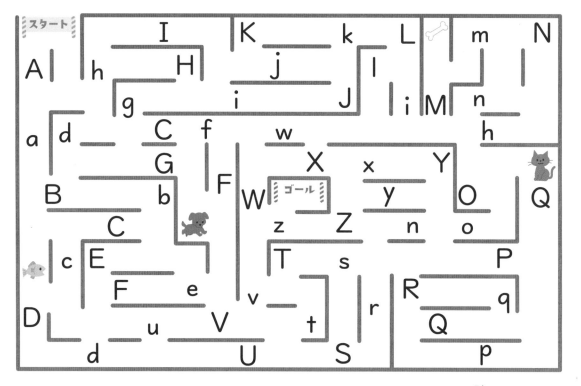

答え ▶ 91ページ

Aa ローマ字 ①

　ローマ字はアルファベットを使って，日本語の「あいうえお」の50音を書き表したものです。
　下のローマ字表を見て，それぞれの音のつづりを確かめましょう。基本となる「あいうえお」は a，i，u，e，o で表し，それ以外の行，例えば「か行」は表のように k と a，i，u，e，o を組み合わせて表します。

	a	**i**	**u**	**e**	**o**
	あ a	い i	う u	え e	お o
k	か ka	き ki	く ku	け ke	こ ko
s	さ sa	し shi*	す su	せ se	そ so
t	た ta	ち chi*	つ tsu*	て te	と to
n	な na	に ni	ぬ nu	ね ne	の no
h	は ha	ひ hi	ふ fu*	へ he	ほ ho
m	ま ma	み mi	む mu	め me	も mo
y	や ya		ゆ yu		よ yo
r	ら ra	り ri	る ru	れ re	ろ ro
w	わ wa				を wo*
	ん n				

	a	**i**	**u**	**e**	**o**
g	が ga	ぎ gi	ぐ gu	げ ge	ご go
z	ざ za	じ ji*	ず zu	ぜ ze	ぞ zo
d	だ da	ぢ di*	づ du*	で de	ど do
b	ば ba	び bi	ぶ bu	べ be	ぼ bo
p	ぱ pa	ぴ pi	ぷ pu	ぺ pe	ぽ po

●つづりが複数あるもの

表面や上のローマ字表で＊の印があるものは，ほかのつづり方をすることもあります。この本では，下の左側の，色のついたつづりを使っています。

し	shi	と	si
ち	chi	と	ti
つ	tsu	と	tu
ふ	fu	と	hu

じ	ji	と	zi
ぢ	di	と	zi, ji
づ	du	と	zu
を	wo	と	o

●ローマ字と英語のちがい

アルファベットを使うのは，ローマ字も英語も同じです。けれども，ローマ字は日本語の「あいうえお」の50音をアルファベットで表したものなので，英語とはまったくちがいます。

例えば，日本語の「鳥」をローマ字で表すときは，「と」の to と「り」の ri を合わせて tori と書きますが，これはあくまでも日本語です。英語で「鳥」は bird です。

ローマ字
tori

bird
英語

※この本では「ん」はすべて n を使って表していますが，p，b，m の前では，shimbun（新聞）のように，m を使うこともあります。

とくてん

月　　　日

てん

1 ローマ字をなぞったあと，下に１～２回ずつ書きましょう。　　　１つ6【18点】

① あ　　　　い　　　　う　　　　え　　　　お

a　　i　　u　　e　　o

② か　　　　き　　　　く　　　　け　　　　こ

ka　ki　ku　ke　ko

▲「か行」なら，ｋのあとに a，i，u，e，o を続けます。

③ さ　　　　し　　　　す　　　　せ　　　　そ

sa　shi　su　se　so

2 ローマ字で書かれた言葉をなぞりましょう。　　　１つ6【24点】

① 朝

asa

② おけ

oke

③ せき

seki

④ 牛

ushi

47

3 ローマ字が表すものを右から探して，線でつなぎましょう。　　1つ6【18点】

① isu　・

② kasa　・

③ kushi　・

4 (例)にならって，①〜④の言葉を表すローマ字を，アルファベットの表から探して，◯で囲みましょう。ローマ字は縦か横に並んでいます。　　1つ4【16点】

(例) 駅

① あせ

② 顔

③ こけし

④ 規則

u	s	k	a	o	o	a
a	h	i	s	e	k	s
k	i	s	o	k	e	e
(例) e	k	o	s	u	s	s
k	o	k	e	s	h	i
i	a	u	k	u	i	k

5 次の言葉をローマ字で書きましょう。　　1つ6【24点】

① 草

② 塩

③ 植木

④ すいか

答え ▶ 91ページ

月　日

とくてん

点

1 ローマ字をなぞったあと，下に1〜2回ずつ書きましょう。　1つ6【18点】

① 　　た　　　ち　　　つ　　　て　　　と

ta chi tsu te to

▲「ち」は chi，「つ」は tsu と書きます。

② 　　な　　　に　　　ぬ　　　ね　　　の

na ni nu ne no

③ 　　は　　　ひ　　　ふ　　　へ　　　ほ

ha hi fu he ho

▲「ふ」に注意しましょう。fu と書きます。

2 ローマ字で書かれた言葉をなぞりましょう。　1つ6【24点】

 ① はと

hato

 ② 谷

tani

 ③ 船

fune

 ④ へそ

heso

49

3 次の言葉をローマ字で正しく表しているほうをア・イから選んで，記号に〇をつけましょう。

1つ5【20点】

① 人 ｜ ア hata
｜ イ hito

② 布 ｜ ア nuno
｜ イ fune

③ つな ｜ ア tsuna
｜ イ suna

④ ほたて ｜ ア hatake
｜ イ hotate

4 ［タテのカギ］と［ヨコのカギ］をヒントに，□にアルファベットを入れて，ローマ字のパズルを完成させましょう。

1つ5【20点】

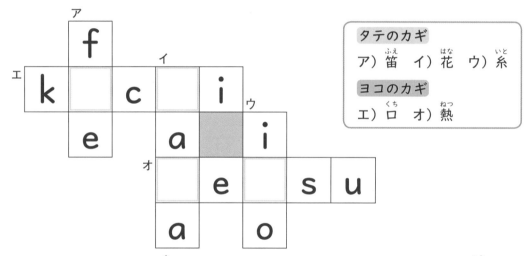

タテのカギ
ア）笛　イ）花　ウ）糸

ヨコのカギ
エ）ロ　オ）熱

5 次の言葉をローマ字で書きましょう。［　　］のアルファベットを使いましょう。

1つ6【18点】

① はち

[c, i, a, h, h]

② 角

[u, n, t, o, s]

③ たぬき

[n, k, a, t, i, u]

答え ▶ 92ページ

23 ま行〜ら行

1 ローマ字をなぞったあと，下に1〜2回ずつ書きましょう。　　　　1つ6【18点】

① | ま | み | む | め | も |

$$ma \quad mi \quad mu \quad me \quad mo$$

▲「ま行」は m のあとに，a, i, u, e, oをつけて表します。

② | や | ゆ | よ |

$$ya \quad yu \quad yo$$

③ | ら | り | る | れ | ろ |

$$ra \quad ri \quad ru \quad re \quad ro$$

2 ローマ字で書かれた言葉をなぞりましょう。　　　　1つ6【24点】

① 夢

yume

② 森

mori

③ 山

yama

④ 夜

yoru

ローマ字のま行，や行，ら行の読み方と書き方を確かめましょう。

3 次のローマ字の読み方を，それぞれ（　　　）にひらがなで書きましょう。

1つ5【20点】

① yuri （　　　　　　　） ② mure （　　　　　　　）

③ mirai （　　　　　　　） ④ yoroi （　　　　　　　）

4 空いているところにアルファベットを入れて，それぞれの言葉を完成させましょう。

1つ5【20点】

① 山

y　　　m

② 夢

y　　　m

③ 森

o　　　i

④ のみ

o　　　i

▲とても小さく，動物の体にくっついて血を吸うこん虫のこと

5 次の言葉をローマ字で書きましょう。

1つ6【18点】

① 村

② 夜

③ まくら

答え ▶ 92ページ

わ行〜ざ行

1 ローマ字をなぞったあと，下に１〜２回ずつ書きましょう。　　　　１つ6【18点】

①
わ	を	ん
wa	wo	n

②
が	ぎ	ぐ	げ	ご
ga	gi	gu	ge	go

③
ざ	じ	ず	ぜ	ぞ
za	ji	zu	ze	zo

▲ 「じ」は ji と書きます。

2 ローマ字で書かれた言葉をなぞりましょう。　　　　１つ6【24点】

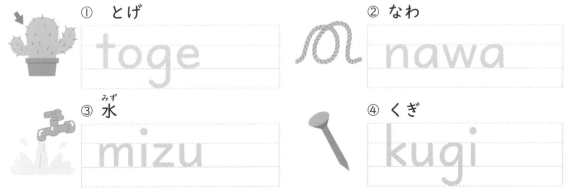

① とげ
toge

② なわ
nawa

③ 水
mizu

④ くぎ
kugi

ローマ字のわ行，が行，ざ行の読み方と書き方を確かめましょう。

3 ローマ字が表すものを右から探して，線でつなぎましょう。　　1つ6【18点】

① negi ・

② ringo ・

③ ninjin ・

4 (例)にならって，①〜④の言葉を表すローマ字を，アルファベットの表から探して，◯で囲みましょう。ローマ字は縦か横に並んでいます。　　1つ4【16点】

(例)

k	i	z	s	g	e	t	a
a	j	a	h	i	n	u	g
z	a	r	i	g	a	n	i
o	k	a	z	o	k	i	w
k	e	g	e	j	i	z	o
u	g	e	n	a	w	a	k

(例) げた

① なわ

② 家族

③ 自然

④ ざりがに

5 次の言葉をローマ字で書きましょう。　　1つ6【24点】

① ざる

② まぐろ

▲ 竹などを編んで作った，くぼんだ入れ物

③ 辞典

④ 輪投げ

答え ▶ 92ページ

月　日

とくてん

点

1 ローマ字をなぞったあと，下に1～2回ずつ書きましょう。　　1つ6【18点】

① だ　ぢ　づ　で　ど

da di du de do

② ば　び　ぶ　べ　ぼ

ba bi bu be bo

③ ぱ　ぴ　ぷ　ぺ　ぽ

pa pi pu pe po

2 ローマ字で書かれた言葉をなぞりましょう。　　1つ6【24点】

① えび

ebi

② かば

kaba

③ うで

ude

④ 散歩

sanpo

ローマ字のだ行，ば行，ぱ行の読み方と書き方を確かめましょう。

3 次の言葉をローマ字で正しく表しているほうをア・イから選んで，記号に○をつけましょう。　1つ5【20点】

① かべ
- ア　kabe
- イ　kaba

② 電気
- ア　tenki
- イ　denki

③ 鼻血
- ア　hanabi
- イ　hanadi

④ 音ぷ
- ア　onpu
- イ　onbu

4 ［タテのカギ］と［ヨコのカギ］をヒントに，□にアルファベットを入れて，ローマ字のパズルを完成させましょう。　1つ5【20点】

```
            ウ
             e
ア      イ
       エ
 j      □ o n a □ e
                   i
 i      e
 d      n
オ
 m  □ n □ u k u
 i      a
```

タテのカギ
ア）時代　　イ）電波
ウ）えび

ヨコのカギ
エ）土なべ　オ）満腹

5 次の言葉をローマ字で書きましょう。　1つ6【18点】

① ぼ金
　　　　　　　▲多くの人から寄付のお金を集めること。

② 散歩

③ えんぴつ

答え ▶ 92ページ

1 ローマ字が表すものを右から探して，線でつなぎましょう。　　1つ3【12点】

① **kazan** ・

② **kadan** ・

③ **tamanegi** ・

④ **tanemaki** ・

2 （例）にならって，①～⑤の言葉を表すローマ字を，アルファベットの表から探して，◯で囲みましょう。ローマ字は縦か横に並んでいます。　　1つ4【20点】

（例）ゆり

① つばき

② さくら

③ すみれ

④ あさがお

⑤ ひまわり

（例）

y	u	r	i	w	a	t	s
a	b	t	s	u	s	o	h
h	i	m	a	w	a	r	i
u	g	a	k	i	g	e	m
a	t	s	u	b	a	k	i
s	m	i	r	e	o	z	w
h	i	m	a	s	a	g	o
o	s	u	m	i	r	e	k

3 空いているところにアルファベットを入れて，それぞれの言葉を完成させましょう。

1つ5【20点】

① 船

u e

② 夢

u e

③ だんご

an   o

④ 散歩

an   o

4 次の言葉をローマ字で書いて，しりとりをしましょう。

1つ6【48点】

① はと

② とび箱

③ こたつ

④ 角

⑤ のみ

⑥ 水鳥

⑦ りんご

⑧ ごま油

答え ▶ 93ページ

ここでは,「きゃ・きゅ・きょ」などの小さい「ゃ・ゅ・ょ」が入った音のローマ字のつづりを表にまとめています。よく見て,つづりを確かめましょう。

ky	きゃ kya	きゅ kyu	きょ kyo
sh	しゃ sha*	しゅ shu*	しょ sho*
ch	ちゃ cha*	ちゅ chu*	ちょ cho*
ny	にゃ nya	にゅ nyu	にょ nyo
hy	ひゃ hya	ひゅ hyu	ひょ hyo
my	みゃ mya	みゅ myu	みょ myo
ry	りゃ rya	りゅ ryu	りょ ryo
gy	ぎゃ gya	ぎゅ gyu	ぎょ gyo
j	じゃ ja*	じゅ ju*	じょ jo*
dy	ぢゃ dya*	ぢゅ dyu*	ぢょ dyo*
by	びゃ bya	びゅ byu	びょ byo
py	ぴゃ pya	ぴゅ pyu	ぴょ pyo

●つづりが複数あるもの

「し」の表記に shi と si の 2 つがあったように，表面のローマ字表で＊の印があるものは，別のつづり方をすることもあります。この本では，下の左側の，色のついたつづりを使っています。

しゃ	sha	と	sya
しゅ	shu	と	syu
しょ	sho	と	syo

ちゃ	cha	と	tya
ちゅ	chu	と	tyu
ちょ	cho	と	tyo

じゃ	ja	と	zya
じゅ	ju	と	zyu
じょ	jo	と	zyo

ぢゃ	dya	と	zya, ja
ぢゅ	dyu	と	zyu, ju
ぢょ	dyo	と	zyo, jo

●つまる音とのばす音

ローマ字で「切手」の「っ」というつまる音を表すときは，次の音の初めの文字を 2 つ続けて書きます。また，「風車」の「ふう」のようなのばす音を表すときは，その音の a, i, u, e, o の上に「＾」をつけます。英語の中でローマ字を使うときは，のばす音の印はふつう使いません。

※のばす音の印には「￣」もありますが，どちらも働きは同じです。この本では「＾」を使っています。

・切手 → kitte （「っ」の次の音「て te」の，初めの文字 t を 2 つ続けます。）

・風車 → fûsha （「ふう」と「ふ fu」をのばすので，u の上に「＾」をつけます。）

●大文字を使う場合

「横浜」などの地名や，人の名前をローマ字で表す場合，初めの文字を大文字にします。

・横浜 → Yokohama （初めの文字を大文字にします。）

・川村久美 → Kawamura Kumi （名字と名前それぞれの初めの文字を大文字にします。）

●コンピューターでの文字の入力

コンピューターで日本語を入力するときにも，多くの場合ローマ字を使います。「か」と出したいときはキーボードで Ｋ Ａ と打ちます。「し」などローマ字の表記が 2 つ（ shi と si など）あるものは，どちらの表記でも入力できます。

また，「ぢ」「づ」「を」「ん」などを入力するときは，下のように打ちましょう。

・ぢ → Ｄ Ｉ ・づ → Ｄ Ｕ ・を → Ｗ Ｏ ・ん → Ｎ Ｎ

・ぢゃ → Ｄ Ｙ Ａ ・ぢゅ → Ｄ Ｙ Ｕ ・ぢょ → Ｄ Ｙ Ｏ

きゃ行〜ちゃ行

月　　日
とくてん

点

1 ローマ字をなぞったあと，下に1〜2回ずつ書きましょう。　　1つ6【18点】

① きゃ　　　　　きゅ　　　　　きょ

kya　　　**kyu**　　　**kyo**

▲kiyaではなく，kyaになることに注意しましょう。

② しゃ　　　　　しゅ　　　　　しょ

sha　　　**shu**　　　**sho**

③ ちゃ　　　　　ちゅ　　　　　ちょ

cha　　　**chu**　　　**cho**

2 ローマ字で書かれた言葉をなぞりましょう。　　1つ6【24点】

① 医者

isha

② お茶

ocha

③ 曲

kyoku

④ 図書

tosho

▲本のこと

61

3 次のローマ字の読み方を，それぞれ（　　）にひらがなで書きましょう。

1つ5【20点】

① basho（　　　　　　）　② kyaku（　　　　　　）

③ kashu（　　　　　　）　④ chokin（　　　　　　）

4 空いているところにアルファベットを2文字入れて，それぞれの言葉を完成させましょう。

1つ5【20点】

① 社会

akai

② 茶会

akai

③ 曲線

okusen

④ 直線

okusen

5 次の言葉をローマ字で書きましょう。

1つ6【18点】

① 客間

② 種類

▲客を招き入れる部屋

③ 着色

▲色をつけること

答え ▶ 93ページ

ローマ字
にゃ行〜みゃ行

月　日
とくてん

点

1 ローマ字をなぞったあと，下に1〜2回ずつ書きましょう。　1つ6【18点】

① にゃ　　にゅ　　にょ
nya　　nyu　　nyo

▲niya などとしないように注意しましょう。

② ひゃ　　ひゅ　　ひょ
hya　　hyu　　hyo

③ みゃ　　みゅ　　みょ
mya　　myu　　myo

2 ローマ字で書かれた言葉をなぞりましょう。　1つ6【18点】

① 百　hyaku

② 脈　myaku

③ 天女　tennyo

63

3 次のローマ字はどのような言葉を表していますか。正しく表しているほうをア・イから選んで，記号に○をつけましょう。　　　　　1つ6【18点】

① **hyakunin**
- ア　百人
- イ　役人

② **sanmyaku**
- ア　三着
- イ　山脈

③ **hannya**
- ア　反射
- イ　はんにゃ

4 次の文章中の，＿＿＿が引いてある部分のローマ字は，どのように読みますか。それぞれ下の（　　）に，ひらがなで書きましょう。　　　　　1つ7【21点】

今日は川原で写生をした。図工の先生は，
└景色や物を見たままに絵などにかくこと

① **tennyo** のようにやさしくてきれいな大島先生だ。

休けい時間に小川に入ったら，何かが足をつついた。② **hyoi** と見るとドジョウだ。つかまえようとしたけれど，ドジョウは ③ **nyururi** とぼくの手からにげていった。

① （　　　　　　　　）　② （　　　　　　　　）　③ （　　　　　　　　）

5 次の言葉をローマ字で書きましょう。　　　　　①②1つ8，③9【25点】

① 脈

② 百点

③ こんにゃく

64

答え ▶ 93ページ

29 ローマ字
りゃ行〜じゃ行

月　　日

とくてん

点

1 ローマ字をなぞったあと，下に1〜2回ずつ書きましょう。　　1つ6【18点】

① りゃ　　　　りゅ　　　　りょ

rya　　　ryu　　　ryo

▲riya などとしないように注意しましょう。

② ぎゃ　　　　ぎゅ　　　　ぎょ

gya　　　gyu　　　gyo

③ じゃ　　　　じゅ　　　　じょ

ja　　　ju　　　jo

2 ローマ字で書かれた言葉をなぞりましょう。　　1つ6【18点】

① 逆

gyaku

② まじょ

majo

③ 旅館

ryokan

65

3 次の言葉をローマ字で正しく表しているほうをア・イから選んで，記号に○をつけましょう。 1つ5【20点】

① 金魚
- ア　kinjo
- イ　kingyo

② 略語
- ア　ryakugo
- イ　rakugo

▲言葉の一部分を省略して簡単にした語

③ かん者
- ア　kansha
- イ　kanja

④ 新緑
- ア　shinkyoku
- イ　shinryoku

▲夏の初めのころの若葉の緑のこと

4 (例)にならって，①〜④の言葉を表すローマ字を，アルファベットの表から探して，◯で囲みましょう。ローマ字は縦か横に並んでいます。 1つ5【20点】

(例) まじょ

① 塾

② 逆転

③ 努力

④ じゃがいも

(例)						
m	a	j	o	k	d	j	e
g	y	a	k	y	u	a	d
u	a	g	n	j	r	g	o
g	y	a	k	u	t	e	n
e	o	i	g	k	a	y	u
i	g	m	j	u	k	a	n
m	d	o	r	y	o	k	u

5 次の言葉をローマ字で書きましょう。 1つ8【24点】

① 順序

② 人魚

③ 略図

▲必要なところだけを簡単にかいた図

答え ▶ 93ページ

30 ぢゃ行〜ぴゃ行

月　　日
とくてん

点

1 ローマ字をなぞったあと，下に1〜2回ずつ書きましょう。　　1つ6【18点】

① 　　ぢゃ　　　　　　　　　ぢゅ　　　　　　　　　ぢょ

dya　　　　　dyu　　　　　dyo

② 　　びゃ　　　　　　　　　びゅ　　　　　　　　　びょ

bya　　　　　byu　　　　　byo

▲「びゃ」は biya としないようにしましょう。

③ 　　ぴゃ　　　　　　　　　ぴゅ　　　　　　　　　ぴょ

pya　　　　　pyu　　　　　pyo

2 ローマ字で書かれた言葉をなぞりましょう。　　1つ6【12点】

① 三百

sanbyaku

② ぴょんぴょん

pyonpyon

※ローマ字では上に「＾」がついていると，その音をのばして読みます（60，71ページでくわしく学習します）。

3 次のローマ字はどのような言葉を表していますか。正しく表しているほうをア・イから選んで，記号に○をつけましょう。　　　　1つ8【16点】

① byôki
　ア　病気
　イ　表記

② denpyô
　ア　電報
　イ　伝票

4 次の文の中の＿＿が引いてある言葉は，ローマ字ではどのように書きますか。それぞれ□から選んで，（　　）に記号を書きましょう。　　　　1つ8【24点】

① 速い球をびゅんびゅん投げる。（　　　）

② ぴょこんとおじぎをする。　　（　　　）

③ 風がぴゅうぴゅうふいている。（　　　）

```
ア　pyokon　　　　イ　byûbyû
ウ　byunbyun　　　エ　pyûpyû
```

5 次の言葉をローマ字で書きましょう。　　　　1つ10【30点】

① 湯のみ茶わん

② 三百円

③ ぴょこぴょこ

答え ▶ 94ページ

ローマ字

つまる音

1 ローマ字で書かれた言葉をなぞり,そのあと①〜⑥は1回ずつ書きましょう。1つ6【48点】

① 切手

kitte

② しっぽ

▲つまる音の「っ」は,次の音(ここでは「て te」)の初めの文字(ここでは t)を2つ書いて表します。

shippo

③ 日記

nikki

④ 列車

ressha

⑤ せっけん

sekken

⑥ ぴったり

pittari

⑦ 六百

roppyaku

⑧ 出発

shuppatsu

ローマ字のつまる音の読み方と書き方を確かめましょう。

2 次の言葉をローマ字で正しく表しているほうをア・イから選んで，記号に
○をつけましょう。

1つ4【12点】

① ばった
　ア　batsuta
　イ　batta

② 真っ暗
　ア　makura
　イ　makkura

③ 日直
　ア　nicchoku
　イ　nichiyoku

3 空いているところにアルファベットを2文字または3文字入れて，それぞ
れの言葉を完成させましょう。

1つ5【20点】

① 坂
　sa

② 作家
　sa

③ 鉄線
　te　　　　n

▲鉄の針金

④ てっぺん
　te　　　　n

4 次の言葉をローマ字で書きましょう。

①②1つ6，③8【20点】

① 楽器

② 熱心

③ 八百円

答え ▶ 94ページ

32 ローマ字
のばす音・大文字

月	日
とくてん	
	点

1 ローマ字で書かれた言葉をなぞり，そのあと1回ずつ書きましょう。

1つ7【21点】

① 風車

fûsha

▲のばす音は，その音の a，i，u，e，o の上に「 ^ 」を書きます。

② 学校

gakkô

▲つまる音「っ」の書き表し方にも注意しましょう。

③ 牛乳

gyûnyû

2 ローマ字で書かれた言葉をなぞり，②はそのあと1回書きましょう。また，③は自分の名前をローマ字で書きましょう。

1つ7【21点】

① 徳川 家康

Tokugawa Ieyasu

▲人の名字と名前の最初の1字は，大文字で書きます。

② 沖縄

Okinawa

▲地名も最初の1字は大文字で書きます。

③ 自分の名前を書きましょう。

3 次のローマ字はどのような言葉を表していますか。正しく表しているほうをア・イから選んで，記号に○をつけましょう。　　　　　1つ5【15点】

① senshû
　ア　先週
　イ　選手

② ryôkô
　ア　旅行
　イ　良好

▲「良好」とは良い状態にある様子のことです。

③ biyôin
　ア　病院
　イ　美容院

4 空いているところに正しくローマ字を入れて，それぞれの言葉を完成させましょう。　　　　　1つ6【12点】

① 算数
san

② 長野
no

5 次の言葉をローマ字で書きましょう。　　　　　①〜③1つ7，④10【31点】

① 夕焼け

② 運動場

③ 鹿児島

④ 松田　豊
（名前）

72

33 まとめテスト⑤

なまえ

1 次の言葉をローマ字で正しく表しているほうをア・イから選んで，記号に〇をつけましょう。

1つ4【16点】

① 社会 { ア shikai イ shakai

② 弱点 { ア jakuten イ gyakuten

③ 発見 { ア hatsugen イ hakken

④ 使用料 { ア shiyôryô イ shôryô

2 空いているところにアルファベットを2文字または3文字入れて，それぞれの言葉を完成させましょう。

1つ5【30点】

① 客席

akuseki

② 着席

akuseki

③ 下校

ge

④ 月光

ge

⑤ 美容院

b　　in

⑥ 病院

b　　in

3 ローマ字が表す様子に合う絵を右から選び，線でつなぎましょう。 1つ4【12点】

① nyoronyoro •

② byunbyun •

③ pyonpyon •

4 「500＋300＝800」の足し算の数字の読み方を，それぞれローマ字で書きましょう。 1つ6【18点】

①

＋

②

＝

③

5 次のローマ字のまちがいを正しく直して，右に書きましょう。 1つ6【24点】

① 牛乳

giuniyu ➡

② 出張

shiyuchiô ➡

③ 札幌

satsuporo ➡

④ 西　理世（名前）

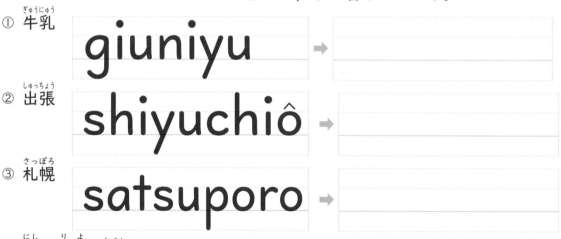

nishi ryo ➡

答え ▶ 94ページ

ローマ字の復習

[aiueo]

1 ローマ字が表すものを右から探して，線でつなぎましょう。　1つ3【9点】

① heso　•

② toge　•

③ shippo　•

2 [タテのカギ]と[ヨコのカギ]をヒントに，□にアルファベットを入れて，ローマ字のパズルを完成させましょう。　1つ3【15点】

タテのカギ
ア）せみ　イ）地図
ウ）家来

ヨコのカギ
エ）合宿　オ）ざる

		イ		ウ	
エ g	a		s	u		u

```
        イ
        c
  ア        ウ
エ g a □ s u □ u
    e   i ▨ e
        オ
    m   a   □ u
    i   u   a
            i
```

3 次の言葉をローマ字で書きましょう。　1つ6【12点】

① 北海道

② 長野 純子（名前）

75

4 左の言葉を表すローマ字になるように，空いているところにアルファベットを入れて，ローマ字の階段を完成させましょう。 1つ4【16点】

① 門

$$o$$

② 星

$$o \quad i$$

③ 夜店

$$o \quad i \quad e$$

▲夜に，道ばたなどに商品を並べて売る店

④ 飛び出る

$$o \quad i \quad e \quad u$$

5 次の言葉をローマ字で書いて，しりとりをしましょう。 1つ6【48点】

① ぬり絵　　　　　　　　　　　　　　➡　② えんぴつ ✏ ➡

③ つばめ　　　　　　　　　　　　　　➡　④ 目印　　　　　　　　　　　　　　➡

⑤ 市役所　　　　　　　　　　　　　　➡　⑥ 正直　　　　　　　　　　　　　　➡

⑦ 切手 [50] ➡　⑧ 天女

76

答え ▶ 95ページ

月　　日

とくてん

点_{てん}

1 次_{つぎ}の英_{えいたん}単語_ごを，声_{こえ}に出_だして読_よみながらなぞったあと，①〜⑥は1〜2
回_{かい}ずつ書_かきましょう。

1つ7【49点_{てん}】

53

① ねこ [**キャ**ット]

cat cat

② 犬_{いぬ} [**ドー**グ]

dog dog

③ コアラ [コウ**アー**ラ]

koala koala

④ しまうま [**ズィー**ブラ]

zebra zebra

⑤ うさぎ [**レァ**ビト]

rabbit rabbit

⑥ 馬_{うま} [**ホー**ス]

horse horse

⑦ ぞう [**エ**レファント]

elephant elephant

「動物」の英単語の発音と書き方を確かめましょう。

2・**3**はCDを聞いて，問題に答えましょう。

2 CDを聞いて，読まれたアとイの英単語から絵に合うほうを選び，記号に〇をつけましょう。 54

1つ5【15点】

① （ ア イ ） ② （ ア イ ） ③ （ ア イ ）

3 CDを聞いて，読まれた英単語を右の◯◯の中から選び，◯ に書きましょう。 55

1つ6【18点】

①

②

③

elephant
dog
rabbit

4 絵に合う英単語を選んで，線でつなぎましょう。 1つ6【18点】

① ・ ・ rabbit

② ・ ・ horse

③ ・ ・ koala

答え ▶ 96ページ

月　　日
とくてん

点

1 次の英単語を，声に出して読みながらなぞったあと，③，⑤以外は1回ずつ書きましょう。

1つ7【49点】

 56

① たまご [**エ**ッグ]

egg　egg

② りんご [**エァ**ポウ]

apple　apple

③ オレンジ [**オー**レンヂ]

orange　orange

④ レモン [**レ**モン]

lemon　lemon

⑤ トマト [ト**メ**イトウ]

tomato　tomato

⑥ 水 [**ウォー**タァ]

water　water

⑦ ジュース [**ヂ**ュース]

juice　juice

79

「食べ物・飲み物」の英単語の発音と書き方を確かめましょう。

2・3はCDを聞いて，問題に答えましょう。

2 CDを聞いて，読まれた英単語に合う絵を下のア〜エから選び，記号を書きましょう。　♪ **57**

1つ5【15点】

① (　　　)　　② (　　　)　　③ (　　　)

ア　　　　　　イ　　　　　　ウ　　　　　　エ

3 CDを聞いて，読まれた英単語を右の ⬭ の中から選び， ☐ に書きましょう。　♪ **58**

1つ6【18点】

①

②

③

water
egg
tomato

4 〈買い物メモ〉の順番に買い物をして，ゴールしましょう。　【18点】

〈買い物メモ〉

① juice

② lemon

③ egg

④ apple

⑤ tomato

⑥ orange

スタート →

→ ゴール

答え ▶ 96ページ

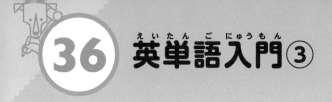

36 英単語入門③

1 次の英単語を，声に出して読みながらなぞったあと，①〜⑤は1〜2回ずつ書きましょう。

1つ7【49点】

59

① かばん [**バッグ**]

bag　bag

② 地図 [**マップ**]

map　map

③ 名前 [**ネイム**]

name　name

④ 机 [**デスク**]

desk　desk

⑤ えんぴつ [**ペンスゥ**]

pencil　pencil

⑥ ユニフォーム [**ユーニフォーム**]

uniform　uniform

⑦ ノート [**ノウトブク**]

notebook　notebook

「学校」に関連する英単語の発音と書き方を確かめましょう。

2・**3**はCDを聞いて，問題に答えましょう。

2 CDを聞いて，読まれたアとイの英単語から絵に合うほうを選び，記号に〇をつけましょう。
1つ5【15点】

① （ ア　イ ） 　② （ ア　イ ） 　③ （ ア　イ ）

3 CDを聞いて，読まれた英単語を右の◯の中から選び，□ に書きましょう。
1つ6【18点】

①

②

③

bag
map
desk

4 （例）にならって，①～③の絵に合う単語を縦または横で探して，◯で囲みましょう。
1つ6【18点】

（例）

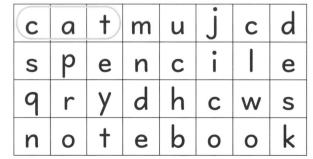

① 　② 　③

答え ▶ 96ページ

37 英単語入門④

1 次の英単語を，声に出して読みながらなぞったあと，①～⑥は1～2
回ずつ書きましょう。

1つ6【42点】

🎵 62

① (ふちのある)ぼうし [ハット]

hat　hat

② 箱 [バックス]

box　box

③ ピアノ [ピアノウ]

piano　piano

④ バイオリン [ヴァイオリン]

violin　violin

⑤ ギター [ギター]

guitar　guitar

⑥ うで時計 [ワッチ]

watch　watch

⑦ かさ [アンブレラ]

umbrella　umbrella

83

「身の回りのもの」の英単語の発音と書き方を確かめましょう。

2・3はCDを聞いて，問題に答えましょう。

2 CDを聞いて，読まれた英単語に合う絵を下のア～エから選び，記号 ♪**63**
を書きましょう。　　　　　　　　　　　　　　　　　　1つ4【12点】

① (　　　　)　　② (　　　　)　　③ (　　　　)

ア　　　　　　　イ　　　　　　ウ　　　　　エ

3 CDを聞いて，読まれた英単語を右の◯の中から選び，□に書き ♪**64**
ましょう。　　　　　　　　　　　　　　　　　　　　1つ6【18点】

①

②

③

box
piano
violin

4 空いている□にアルファベットを書いて，絵に合う英単語にしましょう。
そして，□にできた英単語を4線に書きましょう。　　　1つ7【28点】

①

②

③

①	w		t	c		
		②		i		n	o
		③		u	i	a	r

④ □にできた英単語

答えとアドバイス

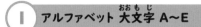

▶まちがえた問題は，もう一度やり直しましょう。
▶ **アドバイス** を読んで，参考にしてください。

---

① アルファベット 大文字 A〜E
3〜4ページ

1・**2** 省略

3 ① ©Ⓐ　② ⒷⒹ
　　③ ⒺⒶ

4 ① B　② E　③ A　④ D

5
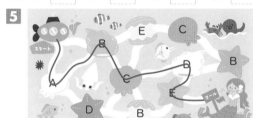

6 ① A　② C　③ E

アドバイス

3 ② BとDは聞きまちがえやすいので，注意して聞き取るようにしましょう。

4 ③ Aは「エー」ではなく，「エイ」と読むことに注意しましょう。

6 ① Aの横棒は2番目の線よりやや下に書くようにします。

---

② アルファベット 大文字 F〜J
5〜6ページ

1・**2** 省略

3 ① H　② J　③ F

4
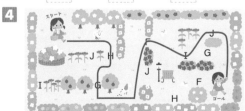

---

5 ① FGH
　　② HIJ

アドバイス

3 ② Jは下をきちんと曲げて書きましょう。

4 H, G, F, I, Jの順にアルファベットが読まれます。正しい文字を選んで，迷路を進みましょう。

5 ① GはCと形が似ているので，書きまちがえないようにしましょう。

---

③ アルファベット 大文字 K〜O
7〜8ページ

1・**2** 省略

3 ① O　② M
　　③ K　④ N

4

O	K	M	L	N	O	L
K	N	L	O	M	N	K
L	M	O	M	L	M	N
M	L	M	N	N	K	L
N	O	L	K	L	O	M
O	N	K	L	M	N	O

5 ① L　② M　③ N

アドバイス

4 K, L, M, N, Oの順に並んでいるところを表の中から探します。

5 ②③ MとNを書き分けられるようにしましょう。

④ アルファベット 大文字 P〜T

9〜10ページ

1・2 省略

3 ① Ⓠ ⓢ
② Ⓟ Ⓡ
③ Ⓣ Ⓟ

4 ① R ② P
③ S ④ T

5

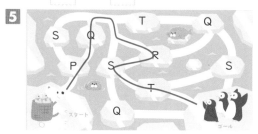

6 ① Q ② R ③ T

アドバイス

3 ③ TとPは聞きまちがえやす
いので, よく注意して聞きましょう。

4 ①② RとPは形が似ているの
で, 注意しましょう。

5 P→Q→R→S→Tの順に迷
路をたどっていきます。

⑤ アルファベット 大文字 U〜Z

11〜12ページ

1・2 省略

3 ① Y ② X
③ V ④ U

4

スタート

U	Y	U	Z	Y	X	V	W
V	W	X	V	U	Z	U	W
X	Y	Z	X	Z	Y	Z	U
W	X	Y	U	Y	X	X	X
Z	V	W	X	X	Z	X	Y
Y	W	X	Y	Z	U	W	Z

ゴール

5 ① V ② W ③ Y

アドバイス

3 ③④ UとVは形が似ているの
で, 注意が必要です。お手本をよく
見て書きましょう。

4 U→V→W→X→Y→Zの順
に迷路をたどっていきます。

⑥ アルファベット 形が似ている大文字

13〜14ページ

1・2 省略

3 ① F ② O
③ G ④ V

4

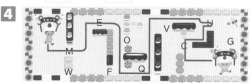

5 ① C E ② M O
③ U W

アドバイス

3 ④ Vを書くときは, 下の部分を
丸くしないように注意しましょう。

4 M, E, Q, U, Cの順にアルファ
ベットが読まれます。正しい文字
を選んで, 迷路を進みましょう。C
とGは形が似ているので, 注意し
ましょう。

5 アルファベットの順番を正しく覚
えるためには, くり返し声に出して
練習するとよいでしょう。

⑦ まとめテスト①

15〜16ページ

1 ① Ⓕ Ⓔ ② Ⓜ Ⓗ
③ Ⓣ Ⓑ ④ Ⓘ Ⓨ

2 ① L ② D
③ S ④ W

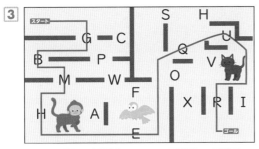

③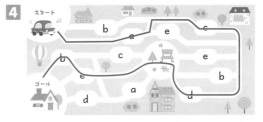

④ ① B C ② G I
③ N P ④ W Z

⑤ [grid puzzle as shown]

アドバイス

1 ③ TとBは発音が似ているので，特に最初の音を注意して聞くようにしましょう。

④ IとYは聞きまちがえやすいので注意しましょう。

3 G, B, M, H, E, Q, U, Rの順にアルファベットが読まれます。アルファベットの読み方と文字を正しく覚えましょう。

5 AからZまで順番に言えるように，くり返し声に出して練習するとよいでしょう。

8 アルファベット 小文字 a〜e　17〜18ページ

1・2 省略

3 ① b ② a ③ e

---

⑤ ① c d e ② b c d

アドバイス

3 ③ cとeは聞きまちがえやすいので，注意しましょう。

4 a, c, d, e, bの順にアルファベットが読まれます。正しい文字を選んで，迷路を進みましょう。

5 小文字を書くときは，4線の位置に注意しましょう。

9 アルファベット 小文字 f〜j　19〜20ページ

1・2 省略

3 ① (i) h ② (f) (g)
③ (j) i

4 ① j ② g ③ f ④ i

5 [illustration puzzle as shown]

6 ① g ② h ③ j

アドバイス

3 ③ jは［ジェー］のように，のばしません。［ジェイ］と読みます。

4 ①② jとgを聞きまちがえないようにしましょう。また，jもgも下の部分を4番目の線につけて曲げることに注意しましょう。

⑩ アルファベット 小文字 k～o　21～22ページ

1・2 省略

3 ① o ② k ③ n ④ m

4

5 ① k l m ② m n o

⬤アドバイス

3 ② k は［ケー］とはのばさず，［ケイ］と読みます。

4 k→l→m→n→o の順に迷路をたどっていきます。

5 ② m と n を書きまちがえないように，注意しましょう。m は山が2つで，n は山が1つです。

⑪ アルファベット 小文字 p～t　23～24ページ

1・2 省略

3 ① (r) t ② s (q) ③ (p) r

4 ① s ② p ③ q ④ t

5
スタート

```
p q r t s r p t
t p s r p q s r
r p r q t r s p
p q s r q p r q
q r s p r s t
```
ゴール

6 ① p ② r ③ t

⬤アドバイス

3 ③ r の発音は難しいので，CD をよく聞いて，くり返しまねして言ってみましょう。

4 ②③ p と q は丸の向きに注意が必要です。発音と字形を正しく覚えましょう。

5 p→q→r→s→t の順に迷路をたどっていきます。

⑫ アルファベット 小文字 u～z　25～26ページ

1・2 省略

3 ① y ② w ③ u ④ v

4

u	v	w	x	y	z	u
w	x	x	y	z	x	v
v	u	w	x	v	y	w
z	y	v	x	u	z	x
u	z	w	u	y	v	y
y	w	v	x	u	z	z

5 ① v ② w ③ z

⬤アドバイス

3 ① y は4番目の線につくように書けているかに注意しましょう。

⑬ アルファベット 形が似ている小文字　27～28ページ

1・2 省略

3 ① i ② h ③ b ④ p

4
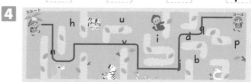

5 ① b d

② h j n

③ q r u

⬤アドバイス

3 ③④ b と d, p と q は丸の向きに注意しましょう。

4 n, v, j, d, q の順にアルファベットが読まれます。正しい文字を選ん

で，迷路を進みましょう。

14 まとめテスト②　29〜30ページ

1 ① (n)（ r ）　② (e)（ l ）

③（ p ）(q)　④ (g)（ y ）

2 ① a ② u ③ s ④ m

3
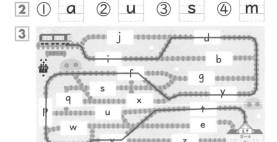

4 ① b d ② f i

③ p r ④ x y

5
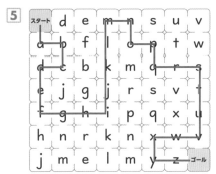

① アドバイス

1 ① n と r は形が似ているので，よく見て正しいアルファベットを選びましょう。

2 ① d のようにならないように，注意しましょう。

② 下の部分を丸めて書き，v のようにならないようにしましょう。

3 i, d, y, f, p, v, t の順にアルファベットが読まれます。

4 ① b と d は丸の向きをまちがえやすいので，注意しましょう。

15 アルファベット 大文字と小文字 Aa〜Gg　31〜32ページ

1・2 省略

3 ① D ② F ③ G

④ e ⑤ b ⑥ a

4
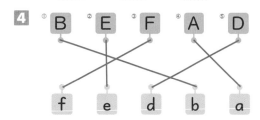

①B ②E ③F ④A ⑤D

f　e　d　b　a

5 ① d ② g ③ E ④ B

① アドバイス

5 ① b にならないように，丸の向きに注意しましょう。

④ b と B，d と D の組み合わせに注意しましょう。丸の向きをよく確かめましょう。

16 アルファベット 大文字と小文字 Hh〜Nn　33〜34ページ

1・2 省略

3 ① K ② N ③ H

④ i ⑤ j ⑥ m

4 ① (h)（ k ）　② (i)(j)

③（ m)(n)　④ (l)（ i ）

5 ① M ② J ③ H

④ L ⑤ I

① アドバイス

3 ⑤ j の下の部分は4番目の線につけて曲げます。また，上の点を忘れないことにも注意しましょう。

4 ② I の小文字は i で，J の小文字は j です。どちらも上に点があって似ているので，まちがえないよう

にしましょう。

⑰ アルフアベット 大文字と小文字 Oo~Tt 35~36ページ

1・2 省略

3 ① S ② R ③ Q

④ o ⑤ t ⑥ p

4
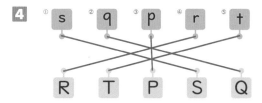
① s ② q ③ p ④ r ⑤ t

R T P S Q

5 ① p ② r ③ s

④ q ⑤ t

❓アドバイス

3 ⑤⑥ t と p は聞きまちがえやすいので，注意しましょう。

5 ①④ P と p，Q と q の組み合わせに注意しましょう。丸の向きをよく確かめましょう。

⑱ アルフアベット 大文字と小文字 Uu~Zz 37~38ページ

1・2 省略

3 ① Y ② U ③ X

④ w ⑤ z ⑥ v

4 ① (V) (W) ② (Z) (X)

③ (U) (V) ④ (V) (Y)

5 ① u ② y ③ w

④ v ⑤ z

❓アドバイス

5 ①④ u と v を正しく書き分けられるようにしましょう。

⑲ アルフアベット 形がちがう大文字と小文字 39~40ページ

1・2 省略

3 ① F f ② P p

③ M m ④ A a

4
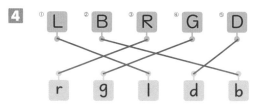
① L ② B ③ R ④ G ⑤ D

r g l d b

5 ① e ② j ③ y

④ N ⑤ H ⑥ T

❓アドバイス

3 まちがえたときは，もう一度1ページなどを見て，大文字と小文字の組み合わせを確かめましょう。

5 ④⑤ n と h は，形がよく似ているので，注意しましょう。

⑳ まとめテスト③ 41~42ページ

1 ① B ② U ③ J

④ o ⑤ e ⑥ w

2 ① (r) (l) ② (y) (g)

③ (a) (e) ④ (j) (t)

3
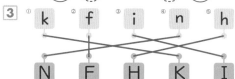
① k ② f ③ i ④ n ⑤ h

N F H K I

4 ① c z j ② v d g

③ X P E ④ R M Q

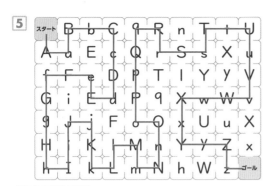

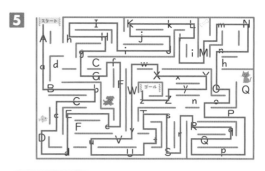

アドバイス

1 ① BはVと聞きまちがえやすいので，注意しましょう。

② UをVと書かないように注意しましょう。

⑤ eは，tと聞きまちがえやすいので，注意しましょう。

4 ①② dの右側の棒がいちばん上の線についているか，jとgは下の部分がいちばん下の線についているかに注意しましょう。

★ **アルファベットの復習** 43~44ページ

1 ① Ⓧ Ⓢ ② Ⓕ Ⓝ

③ ⓡ ⓥ ④ ⓘ ⓙ

2 ① Kk ② Tt ③ Hh

④ Yy ⑤ Aa

3 ①

Q	→	d
B		b
P		q
D		p

②

w		M
g		W
m		C
c		G

4 ① E ② I ③ R ④ X

⑤ f ⑥ n ⑦ t ⑧ y

右列

アドバイス

2 ③ Hは［エッチ］ではなく，［エイチ］と読みます。

④ YをIと聞きまちがえないようにしましょう。Yは大文字と小文字の形がちがうので，しっかり覚えましょう。

3 ① 小文字の形がよく似ているので，よく見て正しい組み合わせを選びましょう。

4 ⑦ 小文字のtは，大文字とはちがい，縦の棒が横の棒からつき出るように書きます。

21 ローマ字 あ行～さ行 47~48ページ

1・2 省略

3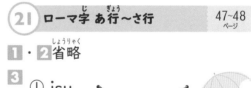

① isu（いす）

② kasa（かさ）

③ kushi（くし）

4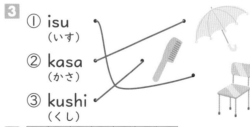

u	s	k	a	o	o	a
a	h	i	s	e	k	s
k	i	s	o	k	e	e
e	k	o	s	u	s	s
k	o	k	e	s	h	i
i	a	u	k	u	i	k

① ase

② kao

③ kokeshi

④ kisoku

5 ① kusa ② shio

③ ⬚ ueki ④ ⬚ suika

❗アドバイス

5 ②「し」は shi と書くことに注意
しましょう。si でも正解です。

㉒ **ローマ字 た行～は行** 　49~50
ページ

1・2 省略

3 ① イ ② ア ③ ア ④ イ

4
```
    ア
    f
イ      ウ
k u c h i
    e   a   i
      オ n e t s u
        a   o
```

5 ① ⬚ hachi ② ⬚ tsuno
③ ⬚ tanuki

❗アドバイス

3 ①アは「はた」，②イは「ふね」，
③イは「すな」，④アは「はたけ」。
5 ①「ち」は chi と書くことに注意。

㉓ **ローマ字 ま行～ら行** 　51~52
ページ

1・2 省略

3 ① ゆり ② むれ ③ みらい
④ よろい

4 ① ⬚ yama ② ⬚ yume
③ ⬚ mori ④ ⬚ nomi

5 ① ⬚ mura ② ⬚ yoru
③ ⬚ makura

❗アドバイス

4 ③④ m, n, r を正しく書くこと
にも注意しましょう。

㉔ **ローマ字 わ行～ざ行** 　53~54
ページ

1・2 省略

3 ① negi
（ねぎ）
② ringo
（りんご）
③ ninjin
（にんじん）

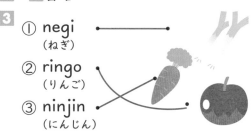

4
k	i	z	s	g	e	t	a
a	j	a	h	i	n	u	g
z	a	r	i	g	a	n	i
o	k	a	z	o	k	i	w
k	e	g	e	j	i	z	o
u	g	e	n	a	w	a	k

① nawa ② kazoku
③ shizen ④ zarigani
5 ① ⬚ zaru ② ⬚ maguro
③ ⬚ jiten ④ ⬚ wanage

❗アドバイス

5 ③「じ」は ji と書きます。zi で
も正解です。

㉕ **ローマ字 だ行～ぱ行** 　55~56
ページ

1・2 省略

3 ① ア ② イ ③ イ ④ ア

4
```
          ウ
          e
ア    イ
j  d o n a b e
i  e       i
d  n
オ m a n p u k u
i  a
```

5 ① ⬚ bokin ② ⬚ sanpo
③ ⬚ enpitsu

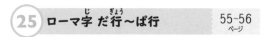
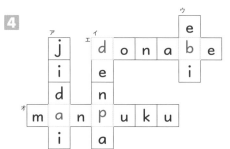

アドバイス

5 ②「しゅ」は shu, ③「ちゃ」は cha,「しょ」は sho と書くことをしっかり覚えましょう。「しゅ」は syu,「ちゃ」はtya,「しょ」は syo でも正解。

28 ローマ字 にゃ行~みゃ行 63~64ページ

1・**2**省略

3 ① ア ② イ ③ イ

4 ① てんにょ ② ひょい

③ にゅるり

5 ① myaku ② hyakuten

③ konnyaku

アドバイス

5 ③「こんにゃく」の「んにゃ」の部分は, nnya と n を 2 つ続けることに注意。

29 ローマ字 りゃ行~じゃ行 65~66ページ

1・**2**省略

3 ① イ ② ア ③ イ ④ イ

4

m	a	j	o	k	d	j	e
g	y	a	k	y	u	a	d
u	a	g	n	j	r	g	o
g	y	a	k	u	t	e	n
e	o	i	g	k	a	y	u
i	g	m	j	u	k	a	n
m	d	o	r	y	o	k	u

① juku ② gyakuten

③ doryoku ④ jagaimo

アドバイス

5 ②は sampo でも正解です。③は empitsu でも正解です。「つ」は tu とも書きます。

26 まとめテスト④ 57~58ページ

1 ① kazan（かざん）

② kadan（かだん）

③ tamanegi（たまねぎ）

④ tanemaki（たねまき）

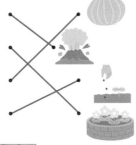

2

y	u	r	i	w	a	t	s
a	b	t	s	u	s	o	h
h	i	m	a	w	a	r	i
u	g	a	k	i	g	e	m
a	t	s	u	b	a	k	i
s	m	i	r	e	o	z	w
h	i	m	a	s	a	g	o
u	s	u	m	l	r	e	k

① tsubaki

② sakura

③ sumire

④ asagao

⑤ himawari

3 ① fune ② yume

③ dango ④ sanpo

4 ① hato ② tobibako

③ kotatsu ④ tsuno

⑤ nomi ⑥ mizudori

⑦ ringo ⑧ gomaabura

アドバイス

4 ③④「つ」は tsu と書くことに注意しましょう。tu でも正解です。

27 ローマ字 きゃ行~ちゃ行 61~62ページ

1・**2**省略

3 ① ばしょ ② きゃく ③ かしゅ

④ ちょきん

5 ① <u>junjo</u> ② <u>ningyo</u>
③ <u>ryakuzu</u>

❶アドバイス

3 ①アは「きんじょ」，②イは「らくご」，③アは「かんしゃ」，④アは「しんきょく」と読みます。

5 ①「じゅ」は ju，「じょ」は jo と j を使うことに注意しましょう。「じゅ」は zyu，「じょ」は zyo でも正解です。

㉚ ローマ字 ぢゃ行〜ぴゃ行 67〜68ページ

❶・❷省略
3 ①ア ②イ
4 ①ウ ②ア ③エ
5 ① <u>yunomidyawan</u>
② <u>sanbyakuen</u>
③ <u>pyokopyoko</u>

❶アドバイス

4 イは「びゅうびゅう」と読みます。

5 ①「ぢゃ」は「じゃ」と同じく zya または ja でも正解。

㉛ ローマ字 つまる音 69〜70ページ

❶省略
2 ①イ ②イ ③ア
3 ① <u>saka</u> ② <u>sakka</u>
③ <u>tessen</u> ④ <u>teppen</u>
4 ① <u>gakki</u> ② <u>nesshin</u>
③ <u>happyakuen</u>

❶アドバイス

2 ①アは「ばつた」，②アは「まくら」，③イは「にちよく」と書かれています。

4 つまる音「っ」をローマ字で表すときは，次の音の初めの文字（例えば「がっき」なら「き(ki)」の k）を2つ続けて書きます。②「し」は si でも正解です。

㉜ ローマ字 のばす音・大文字 71〜72ページ

❶・❷省略
3 ①ア ②イ ③イ
4 ① <u>sansû</u> ② <u>Nagano</u>
5 ① <u>yûyake</u> ② <u>undôjô</u>
③ <u>Kagoshima</u>
④ <u>Matsuda Yutaka</u>

❶アドバイス

3 ①②のばす音の印がどこについているかによく注意して読みましょう。③「病院」は byôin と書きます。

4 ②「長野」は地名なので，初めの1字は大文字にします。

5 ②「じょ」は zyo でも正解。③「鹿児島」は地名なので，初めの1字は大文字にします。「し」は si でも正解。④人の名前は，名字と名前のそれぞれの初めの1字を大文字にします。「つ」は tu でも正解。

㉝ まとめテスト⑤ 73〜74ページ

❶ ①イ ②ア ③イ ④ア
❷ ① <u>kyakuseki</u>
② <u>chakuseki</u>
③ <u>gekô</u> ④ <u>gekkô</u>
⑤ <u>biyôin</u> ⑥ <u>byôin</u>

3
① nyoronyoro
（にょろにょろ）

② byunbyun
（びゅんびゅん）

③ pyonpyon
（ぴょんぴょん）

4 ① gohyaku ② sanbyaku

③ happyaku

5 ① gyûnyû ② shucchô

③ Sapporo

④ Nishi Riyo

アドバイス

1 ①アは「しかい」，②イは「ぎゃくてん」，③アは「はつげん」，④イは「しょうりょう」と読みます。

2 ②「ちゃ」は tya でも正解。⑤⑥「びよう」と「びょう」の表し方のちがいに注意しましょう。

5 ①「ぎゅ」は gyu，「にゅ」は nyu と表します。ここではそれぞれのばす音になっているので，u の上に「^」をつけます。②「しゅ」は shu，「ちょ」は cho と表します。つまる音を表すときは，次の音の初めの文字を２つ続けることに注意。③地名は初めの１字を大文字にします。つまる音の表し方にも注意。④人の名前は，名字と名前それぞれの初めの１字を大文字にします。また，ryo は「りょ」なので「りよ」となるように直します。

1
① heso
（へそ）

② toge
（とげ）

③ shippo
（しっぽ）

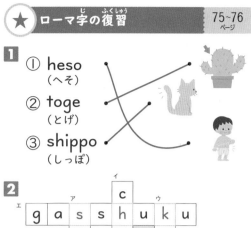
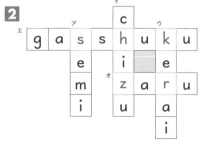

2

		ｲ		ｳ	
ｴ g	a	s s	h u k	u	
		e	i	e	
		m	ｵ z	a r	u
		i	u	a	
				i	

3 ① Hokkaidô

② Nagano Junko

4 ① mon ② hoshi

③ yomise

④ tobideru

5 ① nurie ② enpitsu

③ tsubame ④ mejirushi

⑤ shiyakusho

⑥ shôjiki ⑦ kitte

⑧ tennyo

アドバイス

3 地名や人名（名字と名前）は，初めの１字を大文字にします。②の「じゅ」は zyu でも正解です。

4 ② hosi でも正解です。

5 ②n → m，②③tsu → tu，
④⑥ji → zi，④⑤shi → si，
⑤⑥sho → syo としても正解です。

34 英単語入門①　77~78 ページ

1 省略

2 ① ア　② イ　③ ア

3 ① rabbit　② dog
　③ elephant

4
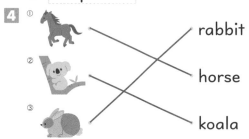
① 馬 — horse
② コアラ — koala
③ うさぎ — rabbit

！アドバイス

2 読まれた英単語は次の通りです。
①ア cat（ねこ），イ dog（犬），
②ア koala（コアラ），イ zebra（しまうま）
③ア elephant（ぞう），イ rabbit（うさぎ）

35 英単語入門②　79~80 ページ

1 省略

2 ① ウ　② エ　③ ア

3 ① egg　② tomato
　③ water

4
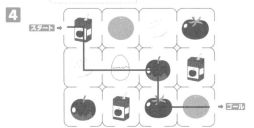
スタート→　　　→ゴール

36 英単語入門③　81~82 ページ

1 省略

2 ① ア　② イ　③ ア

3 ① map　② bag　③ desk

4

c	a	t	m	u	j	c	d
s	p	e	n	c	i	l	e
q	r	y	d	h	c	w	s
n	o	t	e	b	o	o	k

① desk　② pencil　③ notebook

！アドバイス

2 読まれた英単語は次の通りです。
①ア name（名前），イ desk（机）
②ア map（地図），イ bag（かばん）
③ア uniform（制服），イ notebook（ノート）

！アドバイス

2 読まれた英単語は次の通りです。
① orange（オレンジ），② tomato（トマト），③ lemon（レモン）

37 英単語入門④　83~84 ページ

1 省略

2 ① エ　② イ　③ ア

3 ① piano　② violin
　③ box

4
① w a t c h
② p i a n o
③ g u i t a r
④ hat

！アドバイス

2 読まれた英単語は次の通りです。
① guitar（ギター），② umbrella（かさ），③ watch（うで時計）